Impressum
Verlag: BABADADA GmbH, Nedderfeld 112 , 22529 Hamburg
Geschäftsführer / Verlagsleitung: Harald Hof
Druck: Books on Demand GmbH, In de Tarpen 42, 22848 Norderstedt

Imprint
Publisher: BABADADA GmbH, Nedderfeld 112 , 22529 Hamburg, Germany
Managing Director / Publishing direction: Harald Hof
Print: Books on Demand GmbH, In de Tarpen 42, 22848 Norderstedt, Germany

AF193989

школа

lekòl

класна кімната
salklas

ділити
divize

186/2

дошка
planch

шкільний двір
lakou lekòl la

вчитель
pwofesè

папір
papye

писати
ekri

ручка
plim

письмовий стіл
biwo

лінійка
règ

книга
liv

учень
elèv

ранець

ti valiz

пенал

bwat kreyon

олівець

kreyon

точило

tay Kreyon

гумка

kaoutchou

альбом для малювання

kanè desen

малюнок

desen

пензель

penso

коробка фарб

bwat penti

ножиці

sizo

клей

lakòl

зошит

liv egzèsis

домашнє завдання

devwa

число

nimewo

додавати

adisyone

віднімати

soustrè

множити

miltipliye

рахувати

kalkile

літера

lèt

абетка

alfabè

слово

mo

текст

tèks

читати

li

крейда

lakrè

година

leson

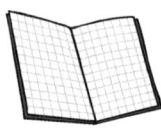

класний журнал

kaye nòt

екзамен

egzamen

диплом

sètifika

шкільна форма

inifòm lekòl la

освіта

edikasyon

лексикон

ansiklopedi

університет

inivèsite

мікроскоп

mikwoskòp

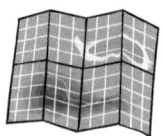

карта

kat jeyografik

кошик для паперу

poubèl papye

подорож
vwayaj

готель
otèl
Grand
турбаза
fwaye
ROOMS
обмінний пункт
biwo chanj
EXCHANGE
валіза
valiz la
автомобіль
machin

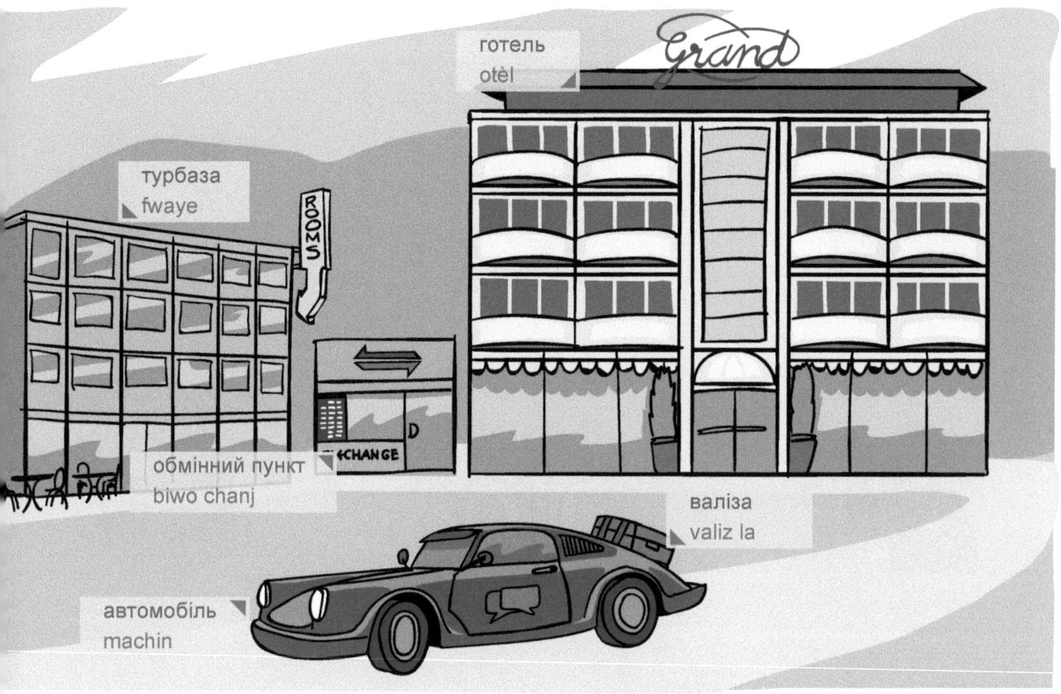

мова
lang

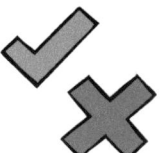

так / ні
wi / non

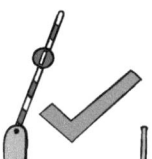

добре
Ok

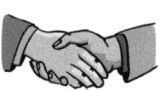

привіт
bonjou

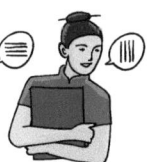

перекладач
tradiktè

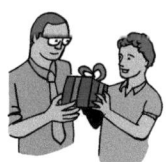

дякую
Mèsi

Скільки коштує ...?

konbyen sa koute ...?

Я не розумію

Mwen pa konprann

проблема

pwoblèm

Добрий вечір!

Bonswa!

Доброго ранку!

Bonjou!

На добраніч!

Bòn nwi!

До побачення

orevwa

напрямок

direksyon

багаж

bagaj

сумка

valiz

рюкзак

valiz pou do

гість

envite

кімната

chanm

спальний мішок

sak pou dòmi

намет

tant

туристична інформація

enfòmasyon pou touris

пляж

plaj

кредитна картка

kat kredi

сніданок

manje maten

обід

dejene

вечеря

dine

квиток

Tikè a

ліфт

asansè

поштова марка

temb

межа

fwontyè a

митниця

la dwàn

посольство

anbasad

віза

viza

паспорт

paspò

транспорт
transpò

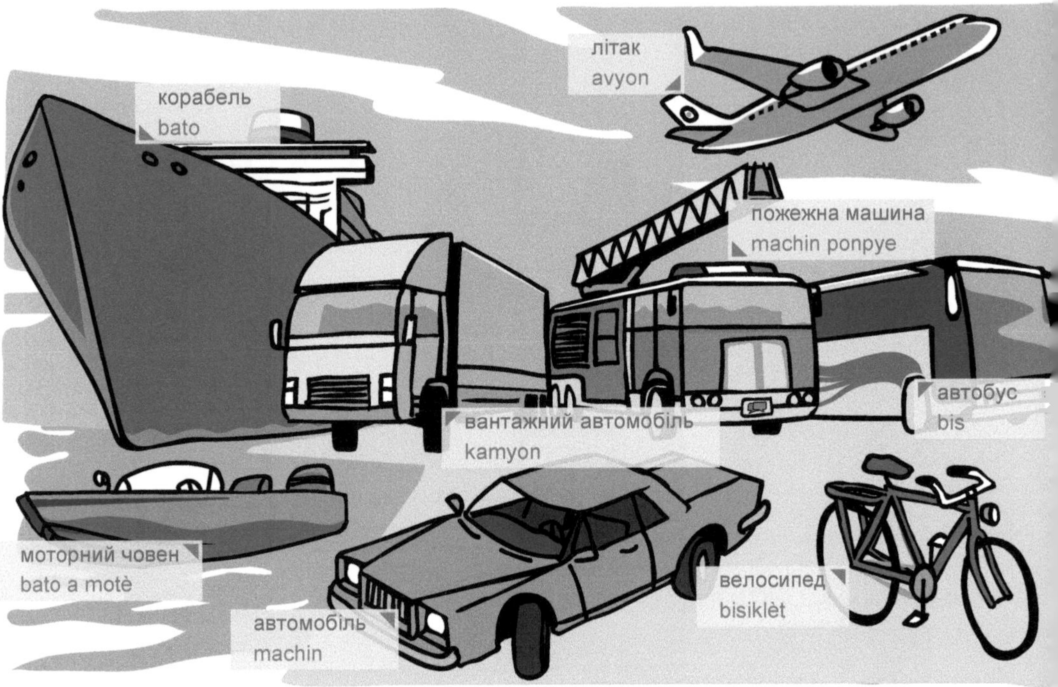
літак
avyon
корабель
bato
пожежна машина
machin ponpye
автобус
bis
вантажний автомобіль
kamyon
моторний човен
bato a motè
велосипед
bisiklèt
автомобіль
machin

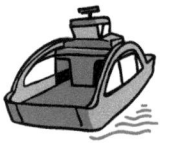

пором
bato

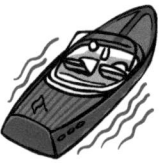

човен
kannòt

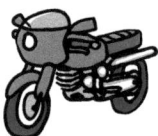

мотоцикл
motosiklèt

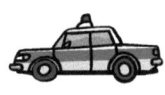

поліцейська машина
machin polis

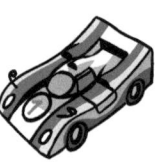

гоночний автомобіль
machin kous

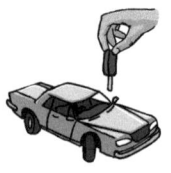

автомобіль на прокат
machin lokasyon

спільне користування авто

pataj machin

евакуатор

machin remòke

сміттєвоз

machin fatra

двигун

motè

паливо

gaz

автозаправна станція

estasyon gaz

дорожній знак

pano endikatè

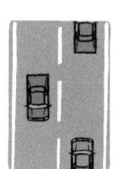

рух

trafik

затор

blokis trafik

стоянка

pakin

вокзал

estasyon tren

рейки

ray tren

потяг

tren an

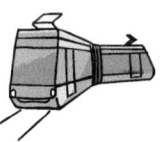

трамвай

tram

вагон

wagon

гелікоптер

elikoptè

аеропорт

ayewopò

вежа

tou

пасажир

pasaje

контейнер

resipyan

коробка

bwat katon

візок

charyo

кошик

poubèl

стартувати / приземлятися

dekole / ateri

місто

lavil

село

vilaj

центр міста

sant vil la

дім

kay

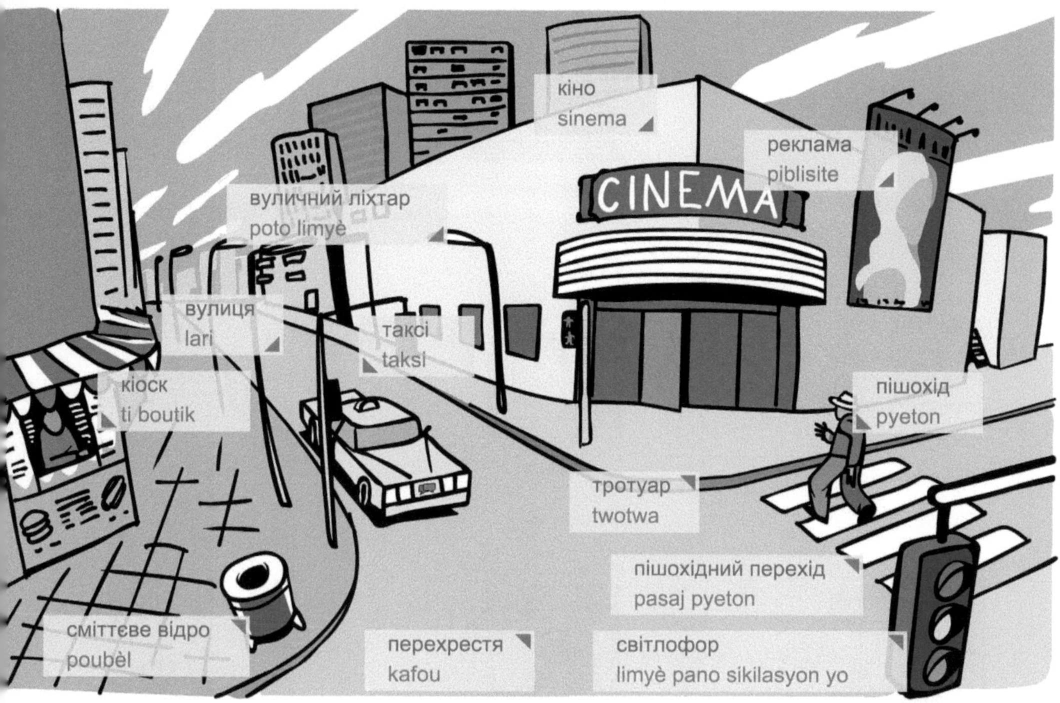

кіно
sinema

реклама
piblisite

вуличний ліхтар
poto limyè

вулиця
lari

таксі
taksi

CINEMA

пішохід
pyeton

кіоск
ti boutik

тротуар
twotwa

пішохідний перехід
pasaj pyeton

сміттєве відро
poubèl

перехрестя
kafou

світлофор
limyè pano sikilasyon yo

хатина

ajoupa

квартира

apatman

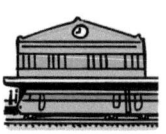

вокзал

estasyon tren

ратуша

meri

музей

mize

школа

lekòl

університет

inivèsite

банк

bank

лікарня

lopital

готель

otèl

аптека

famasi

офіс

biwo

книжковий магазин

magazen liv

магазин

boutik

квітковий магазин

machann flè

супермаркет

makèt

ринок

mache a

універмаг

magazen

торговець рибою

kote yo vann pwason

торговельний центр

sant komèsyal yo

гавань

pò

парк

pak

лава

bank

міст

pon

сходи

eskalye

метро

anba tè

тунель

tinèl la

автобусна зупинка

stasyon bis

бар

ba

ресторан

restoran

поштова скринька

bwat postal

вулична табличка

pano afichaj

лічильник паркування

aparèy pakmèt

зоопарк

zoo

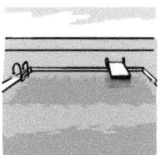

басейн

pisin

мечеть

moske

ферма

fèm agrikòl

забруднення
навколишнього
середовища
polisyon

кладовище

simityè

церква

legliz

дитячий майданчик

lakou rekreyasyon

храм

tanp

ландшафт

peyizaj

листок
fèy

вказівний стовп
pano endikatè

шлях
chemen

луг
preri

камінь
wòch

мандрівник
vwayajè

дерево
pyebwa

річка
rivyè

трава
zèb

квітка
flè

долина

lavale

гора

mòn

озеро

lak

ліс

forè

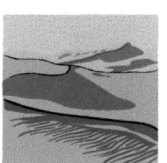

пустеля

dezè

вулкан

vòlkan

замок

chato

веселка

lakansyèl

гриб

djondjon

пальма

pye palmis

комар

moustik

муха

vole

мурашка

foumi

бджола

gèp

павук

zaryen

жук

skarabe

жаба

krapo

вивірка

ekirèy

їжак

lerison an

заєць

lapen

сова

chwèt

птах

zwazo

лебідь

siy

кабан

sangliye

олень

sèf

лось

elan

гребля

baraj

вітряк

tibin van

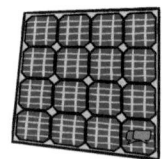

сонячний модуль

pano solèy

клімат

klima

ресторан
restoran

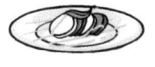

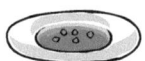

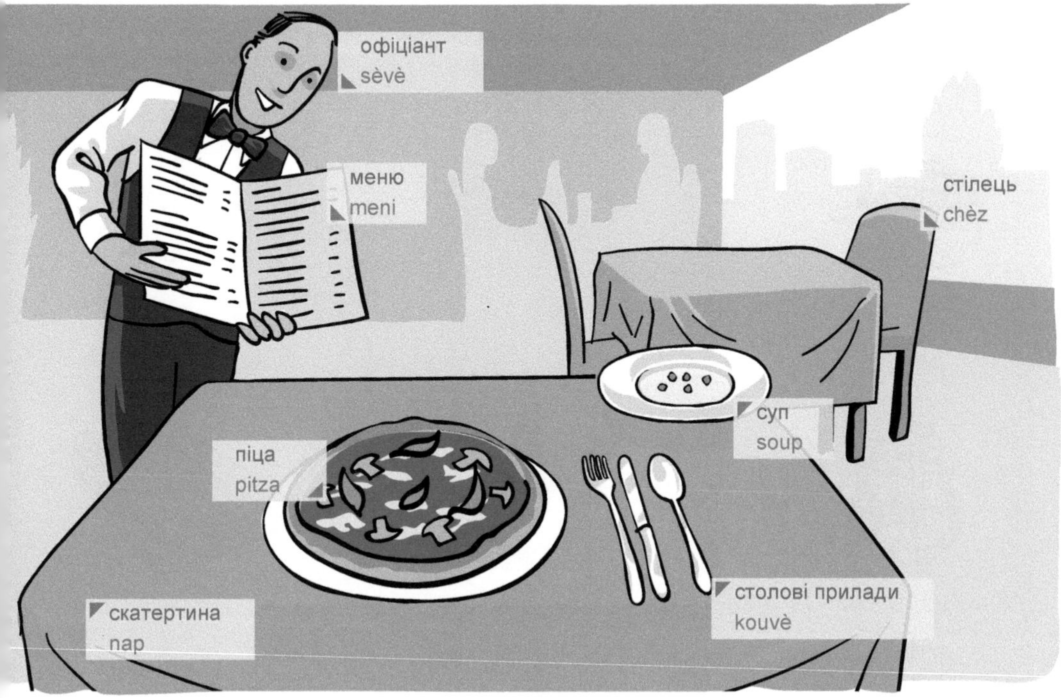

офіціант
sèvè
меню
meni
стілець
chèz
суп
soup
піца
pitza
столові прилади
kouvè
скатертина
nap

закуска

asyèt

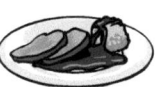

друга страва

pla prensipal

десерт

desè

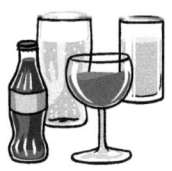

напої

bwason yo

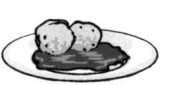

їжа

manje

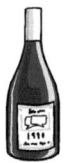

пляшка

boutèy

фаст-фуд

fast-food

вулична їжа

manje nan lari

чайник

kafetyè

цукорниця

bòl sik

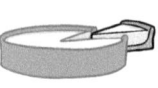

порція

pòsyon

еспресо-машина

machin ekspreso

високий стільчик

chèz wo

рахунок

bòdwo

піднос

plato

ніж

kouto

вилка

fouchèt

ложка

kiyè

чайна ложка

ti kiyè kafe

серветка

sèvyèt pou tab

склянка

vè

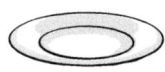

тарілка

asyèt

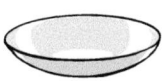

тарілка для супу

asyèt pou soup

блюдце

sokoup

соус

sòs

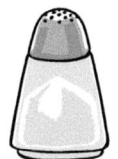

солонка

boutèy sèl fen

млин для перцю

moulen pwav

оцет

vinèg

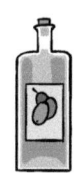

масло

lwil

спеції

epis

кетчуп

sòs tomat

гірчиця

moutad

майонез

mayonèz

супермаркет
makèt

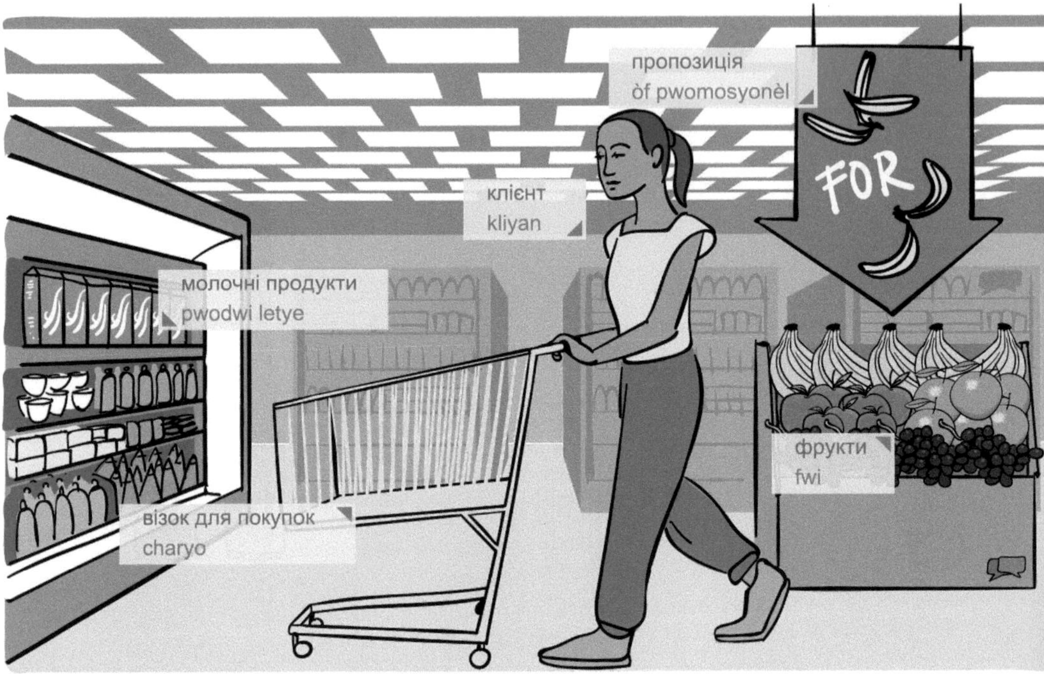

пропозиція
òf pwomosyonèl
FOR
клієнт
kliyan
молочні продукти
pwodwi letye
фрукти
fwi
візок для покупок
charyo

BUTCHERS

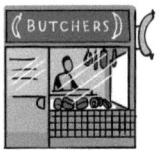

м'ясний магазин

bouche

BAKERY

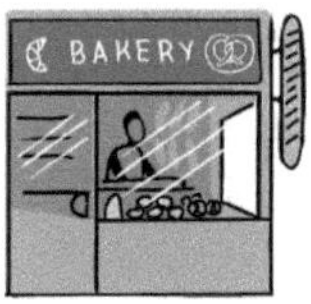

пекарня

boulanje

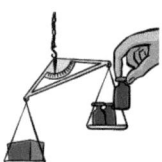

зважувати

peze

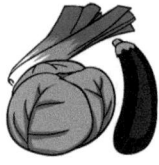

овочі

legim yo

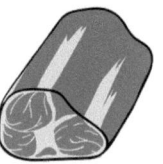

м'ясо

vyann

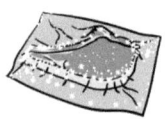

заморожені продукти

manje nan frizè

ковбасна нарізка

vyann fime

консерви

bwat konsèv

пральний порошок

savon

солодощі

sirèt yo

предмети домашнього побуту

atik nan kay la

мийний засіб

pwodwi netwayaj

продавщиця

vandè

каса

kès

касир

kesye

список покупок

lis acha

часи роботи

lè fonksyònman

гаманець

bous

кредитна картка

kat kredi

сумка

sak

поліетиленовий пакет

sak plastik la

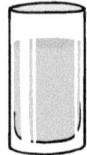

вода

dlo

сік

ji fwi

молоко

lèt

кола

koka

вино

diven

пиво

byè

алкоголь

alkòl

какао

chokola

чай

te

кава

kafe

еспресо

ekspreso

капучіно

cappucino

банан

bannann

яблуко

pòm

апельсин

zoranj

кавун

melon

лимон

sitwon

морква

kawòt

часник

lay

бамбук

banbou

цибуля

zonyon

гриб

djondjon

горішки

nwa

локшина

vèmisèl

спагеті

espageti

рис

diri

салат

salad

картопля фрі

pòmdetè fri

смажена картопля

pòmdetè fri

піца

pitza

гамбургер

anmbègè

бутерброд

sandwich

шніцель

filè

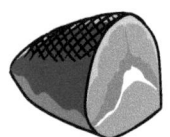

шинка

janbon

салямі

salami

ковбаса

sosis

курка

poul

печеня

boukannen

риба

pwason

вівсяні пластівці

avwàn

мюслі

muzli la

кукурудзяні пластівці

cornflakes

борошно

farin

круасан

kwasan

булочка

ti pen

хліб

peny

тостовий хліб

pen griye

печиво

biskwit yo

масло

bè

сир

krèm fwomaj blan

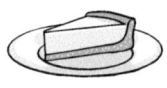

пиріг

gato

яйце

ze

яєчня

ze fri

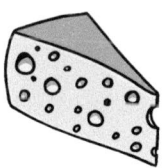

сир

fwomaj

морозиво

krèm ala glas

цукор

sik

мед

myèl

мармелад

konfiti

нуга-крем

krèm chokola

карі

curry

ферма

fèm agrikòl

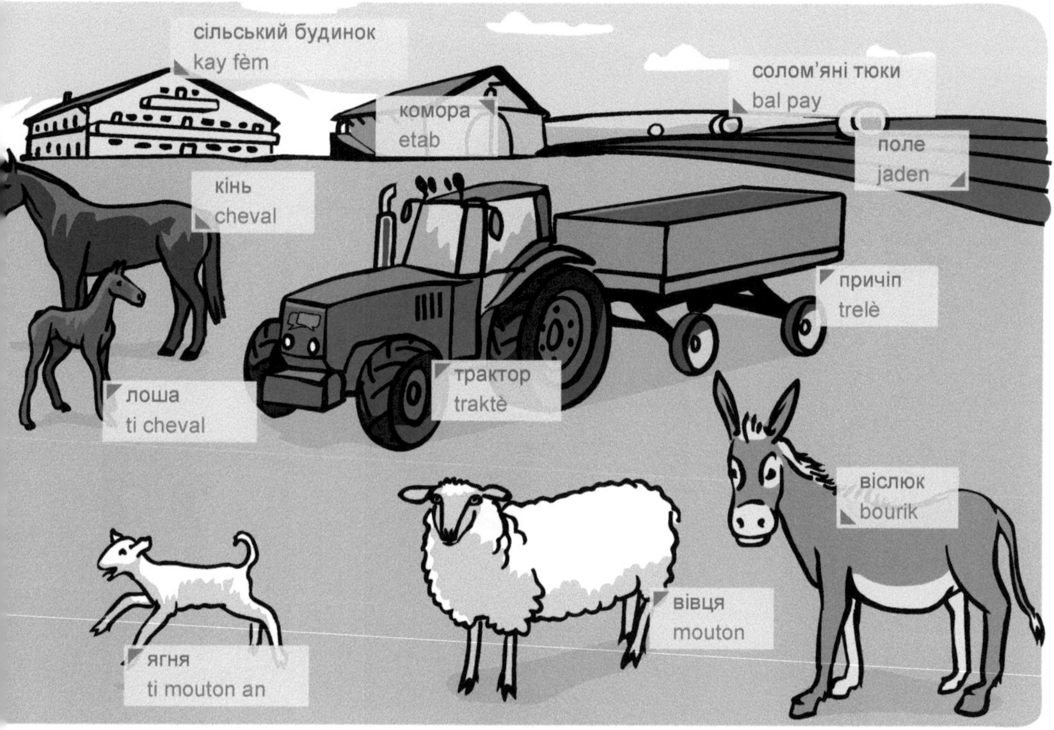
сільський будинок
kay fèm
комора
etab
солом'яні тюки
bal pay
поле
jaden
кінь
cheval
причіп
trelè
трактор
traktè
лоша
ti cheval
віслюк
bourik
вівця
mouton
ягня
ti mouton an

коза

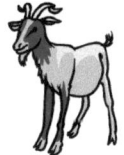

kabrit

корова

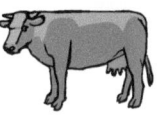

bèf

теля

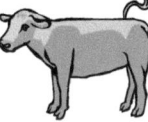

ti bèf la

свиня

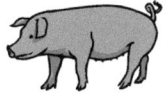

kochon

порося

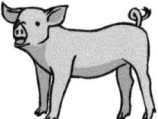

ti kochon

бик

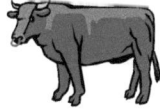

towo bèf

гусак

zwa

качка

kana

курча

ti poul la

курка

manman poul la

півень

kòk

щур

rat

кіт

chat

миша

sourit

віл

bèf

собака

chen

собача будка

kay chen

садовий шланг

tiyo jaden an

лійка

awozwa

коса

lam fochez

плуг

chari

серп

kouto digo

мотика

pikwa

вила

fouch

сокира

rach

тачка

brouèt

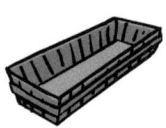

корито

tank

бідон молока

po pou lèt

мішок

sak

паркан

kloti

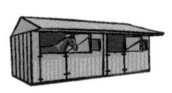

хлів

etab

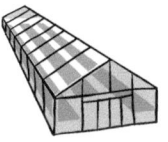

тɵплиця

efè rechofman

ґрунт

tè

насіння

grenn

добриво

angrè

комбайн

machin agrikòl

пожинати

rekòlte

урожай

rekòt

корінь ямсу

yanm

пшениця

ble

соя

soja

картопля

pòmdetè

кукурудза

mayi

ріпак

kolza

плодове дерево

pyebwa ki donnen

маніок

manyòk

злаки

sereyal yo

дім
kay

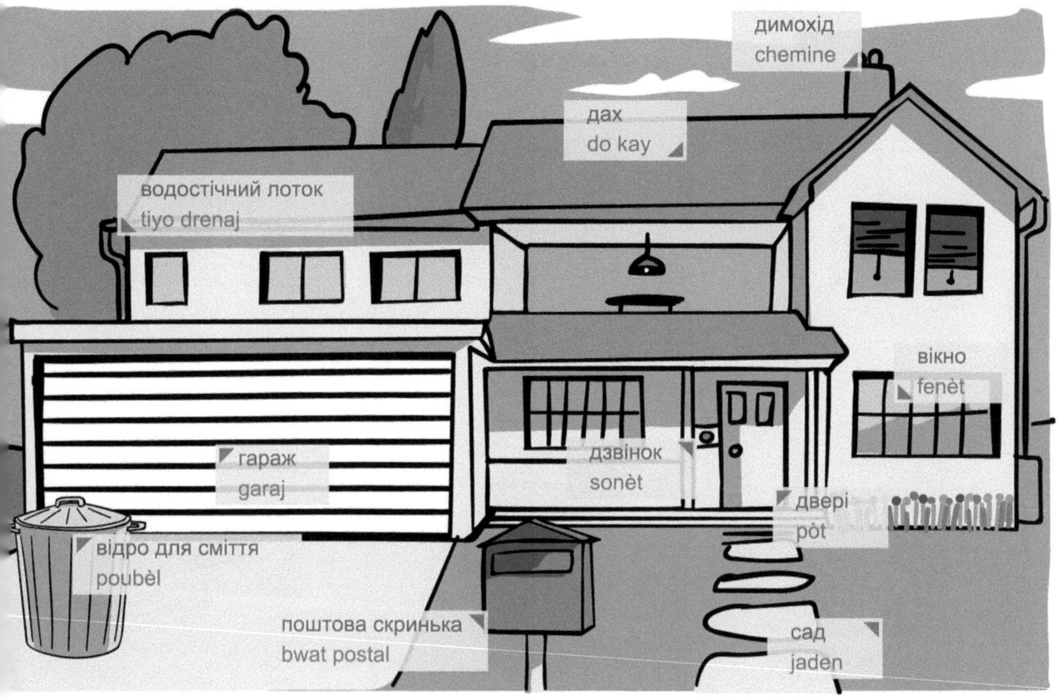
димохід
chemine
дах
do kay
водостічний лоток
tiyo drenaj
вікно
fenèt
гараж
garaj
дзвінок
sonèt
двері
pòt
відро для сміття
poubèl
поштова скринька
bwat postal
сад
jaden

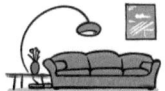

вітальня

salon

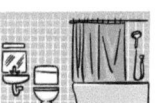

ванна кімната

sal de ben

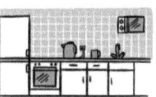

кухня

kwizin

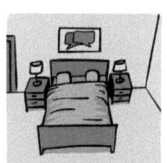

спальня

chanm

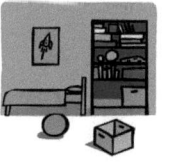

дитяча кімната

chanm timoun

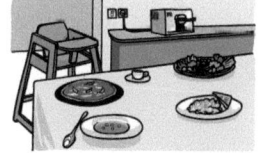

їдальня

sal a manje

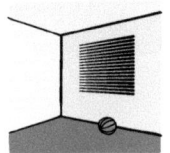

підлога

etaj

стіна

mi

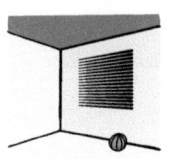

стеля

plafon

підвал

kav

сауна

sona

балкон

balkon

тераса

teras la

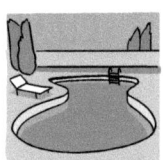

басейн

pisin

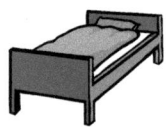

косарка

tondèz pou gazon

простирало

fèy

ковдра

dra

ліжко

kabann

мітла

bale

відро

bokit

перемикач

entèriptè

вітальня
salon

шпалери
imaj
малюнок
foto
лампа
lanp
поличка
etajè
шафа
amwa
телевізор
televizyon
камін
chemine
квітка
flè
подушка
kousen
диван
sofa
ваза
vaz
пульт
remote kontwòl

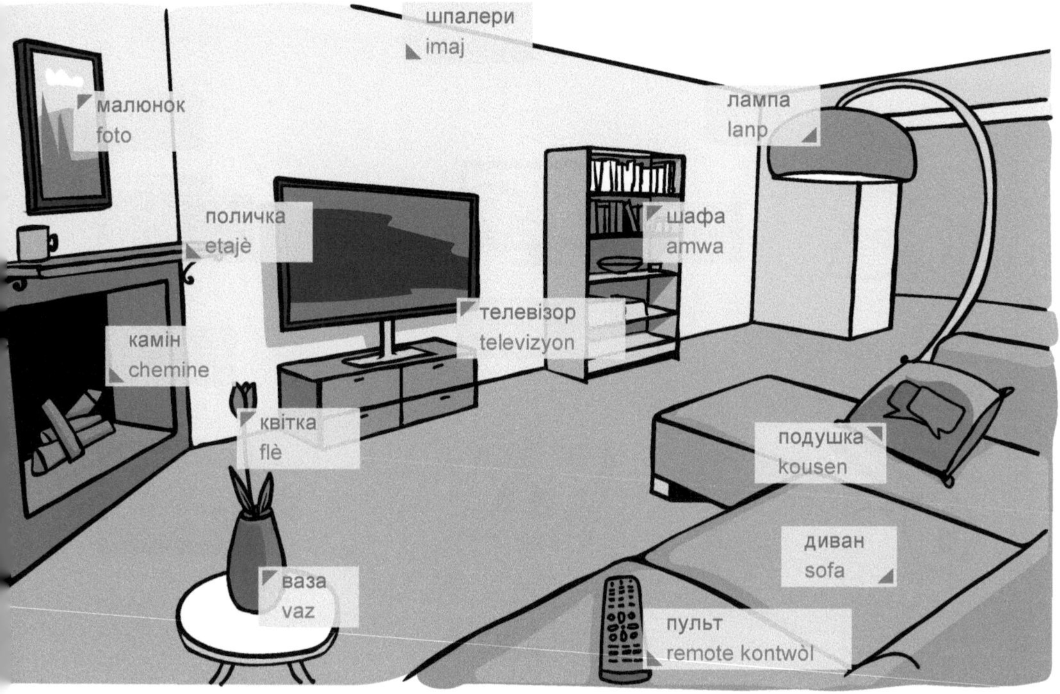

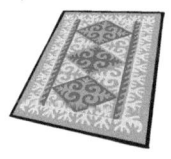

килим
kapèt

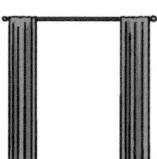

завіса
rido

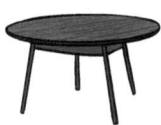

стіл
tab

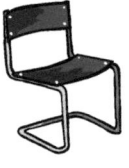

стілець
chèz

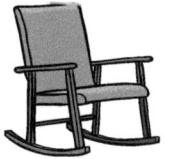

крісло-гойдалка
dodin

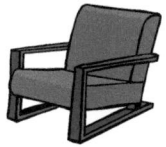

крісло
chèz

книга

liv

ковдра

dra

прикраса

dekorasyon

дрова

bwa dife

фільм

fim

стереосистема

aparèy mizik

ключ

kle

газета

jounal

картина

penti

плакат

postè

радіо

radyo

блокнот

kanè nòt

пилосос

aspiratè

кактус

kaktis

свічка

balèn

кухня
kwizin

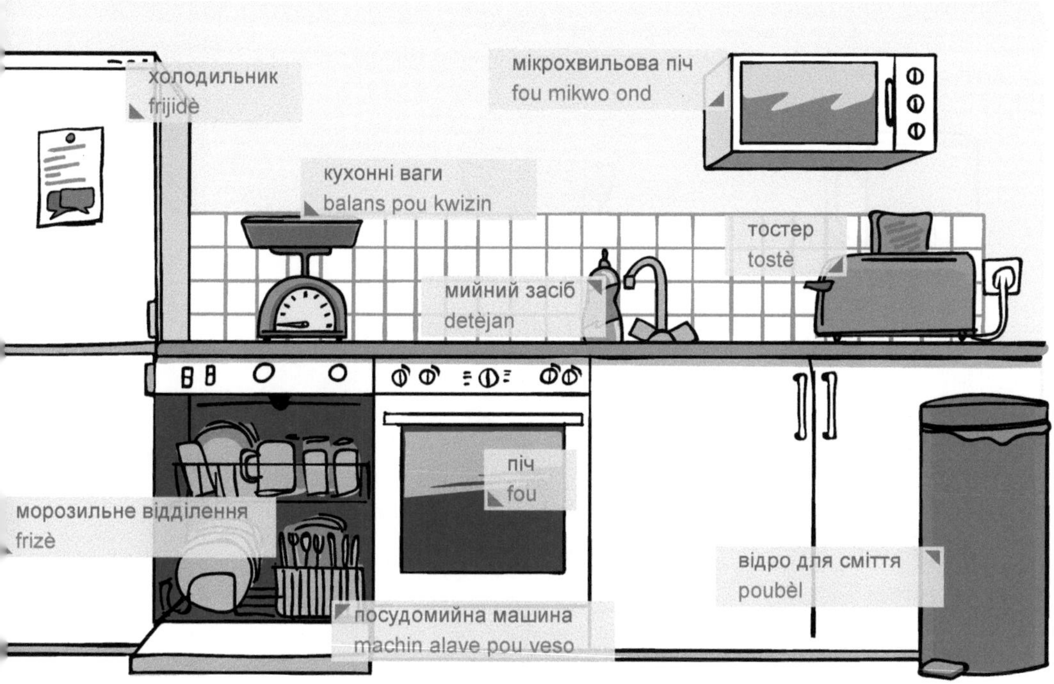

холодильник
frijidè
мікрохвильова піч
fou mikwo ond
кухонні ваги
balans pou kwizin
тостер
tostè
мийний засіб
detèjan
піч
fou
морозильне відділення
frizè
відро для сміття
poubèl
посудомийна машина
machin alave pou veso

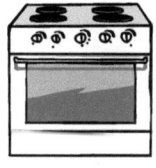

плита

fou

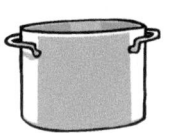

горщик

kaswòl

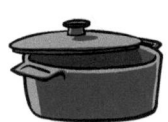

чавунний горщик

mamit

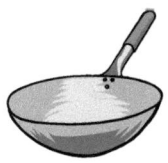

вок / кадай

wok / kadai

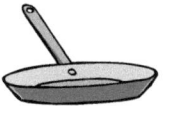

сковорода

pwelon

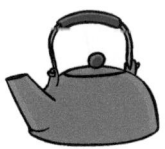

чайник

kafetyè elektrik pou bouyi dlo

пароварка

aparèy kwison a vapè

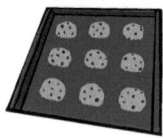

лист

plato fou

посуд

istansil

кухоль

goblè

чаша

bòl

палички для їжі

bagèt

черпак

louch

лопатка

spatul

вінчик для збивання

batez

сито

paswa

сито

paswa

терка

graj

ступка

mòtye

барбекю

babekyou

багаття

dife

дошка

planch kizin

качалка

woulo patisri

штопор

tir bouchon

консерва

kanèt

відкривачка

aparèy pou ouvri kanèt

прихватки

gan kwizin

раковина

lavabo

щітка

bwòs

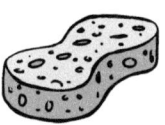

губка

eponj

міксер

blendè

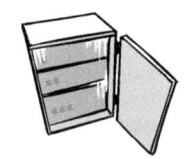

морозильна камера

konjelatè

дитяча пляшка

bibon

кран

tiyo

ванна кімната

sal de ben

опалення
chofaj

душ
douch

рушник
sèvyèt

душова завіса
rido douch

пініста ванна
ben mousan

ванна
benwa

склянка
vè

пральна машина
machin pou lave

плитка
mozayik

кран
tiyo

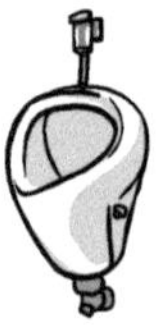

горшок
bòl twalèt

раковина
lavabo

туалет	підлоговий туалет	біде
twalèt	twalèt pou koupi	bidet

пісуар	туалетний папір	щітка для туалету
kote pou pipi	papye twalèt	bwòs twalèt

зубна щітка

bwòs dan

зубна паста

pat dantifris

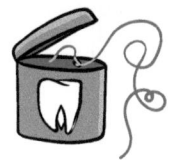

нитка для чищення зубів

fil dantè

мити

lave

ручний душ

wobinè douch pou kenbe

інтимний душ

twalèt entim

таз

lavabo

щітка для спини

bwòs pou do

мило

savon

гель для душу

jèl douch

шампунь

chanpou

мочалка

gan douch

водостік

ekoulman

крем

krèm

дезодорант

deyodoran

дзеркало

miwa

косметичне дзеркало

miwa pòtatif

бритва

razwa

піна для гоління

losyon mous pou razaj

лосьйон після гоління

losyon aprè razaj

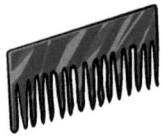

гребінь

peny

щітка

bwòs

фен

sechwa

лак для волосся

spre pou cheve

косметика

makiyaj

губна помада

wouj a lèv

лак для нігтів

vèni pou zong

вата

boul koton

ножиці для нігтів

tay zong

парфум

pafen

косметичка

twous pou douch

табурет

bankèt

ваги

balans

халат

wòb pou chanm

гумові рукавички

gan kawotchou

тампон

tampon

гігієнічні прокладки

sèvyèt ijyenik

біотуалет

twalèt chimik

дитяча кімната
chanm timoun

будильник
revèy alam
м'яка іграшка
nounous
іграшковий автомобіль
machin jwèt
брязкальце
jwèt tchatcha
ляльковий будиночок
kay poupe
подарунок
kado

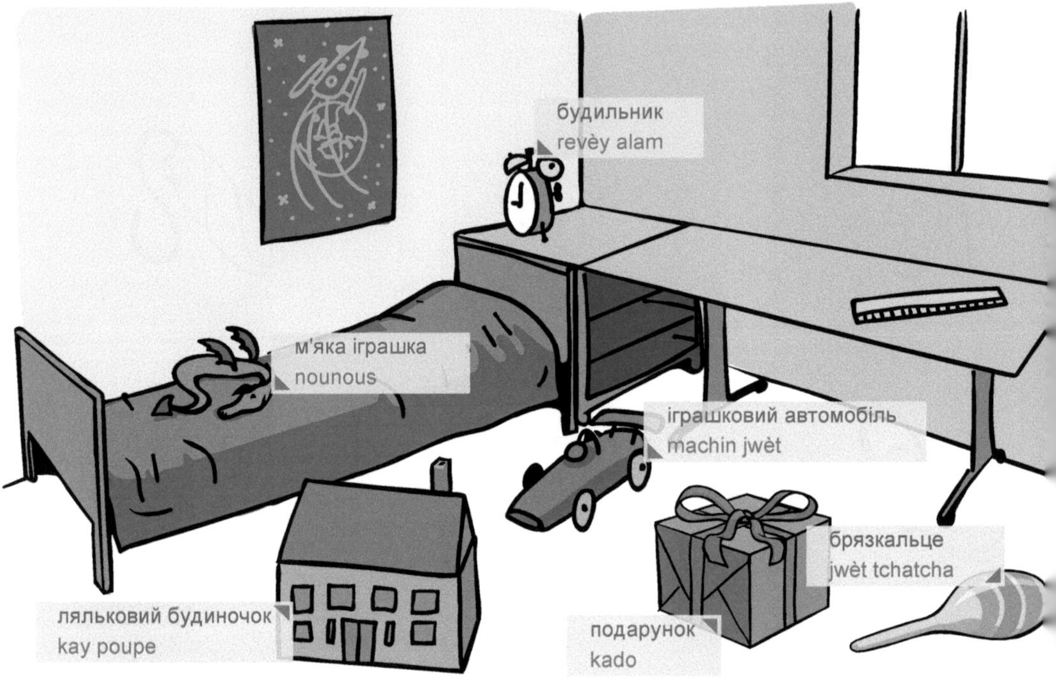

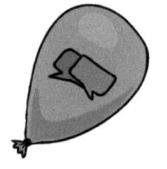

повітряна кулька
balon

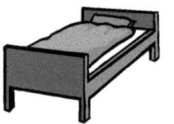

ліжко
kabann

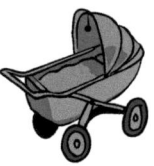

дитячий візок
pousèt

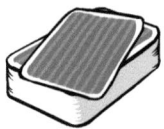

картярська гра
jwèt kat

пазл
puzzle

SUPER
MEGA
комікс
ti komik

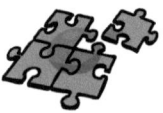

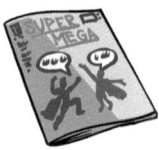

лего цеглинки

pyès lego

блоки

jwèt blòk konstriksyon

іграшкова фігурка

ti tonton jwèt

повзунки

rad ti bebe

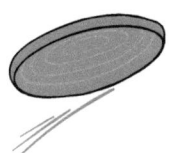

фризбі

frisbee

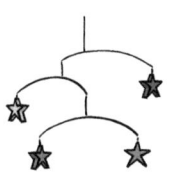

мобіле

jwèt mobil

настільна гра

jwèt sosyete

кубик

jwèt de

модель залізнична станція

jwèt tren

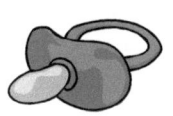

соска

sousèt

вечірка

fèt

книжка з картинками

liv ak imaj

м'яч

boul

лялька

poupe

грати

jwe

пісочниця

bak sab

гойдалка

balanswa

іграшка

jwèt

гральна консоль

jwèt videyo

триколісний велосипед

bekàn twa wou

плюшевий мішка

nounous

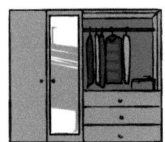

шафа

pandri

шкарпетки

chosèt

панчохи

ba

колготки

kolan

шарф
foula

парасоля
parapli

футболка
mayo

ремінь
sentiwon

чоботи
bòt

домашнє взуття
pantouf

кросівки
tenis

сандалі
sapat

взуття
soulye

гумові чоботи
bòt kawotchou

труси
sou vètman

бюстгальтер
soutyen

нижня сорочка
jilè

боді

kò

штани

pantalon

джинси

pantalon jeans

спідниця

jip

блузка

kòsaj

сорочка

chemiz

пуловер

jakèt

светр

jakèt

піджак

vès

куртка

jakèt

пальто

manto

дощовик

padesi

костюм

kostim

сукня

wòb

весільна сукня

rad marye

костюм

kostim

нічна сорочка

chemiz de nwi

піжама

pijama

сарі

sari

головна хустка

foula

чалма

turban

бурка

burqa

кафтан

kaftan

абая

abaya

купальник

kostim de ben

плавки

chòt

шорти

bout pantalon

тренувальний костюм

rad spò

фартух

tabliye

рукавички

gan

гудзик

bouton

окуляри

linèt

браслет

braslè

ланцюг

kolye

кільце

bag

сережка

zanno

шапка

kepi

плічка

sèso

капелюх

chapo

краватка

kravat

застібка-блискавка

zip

шолом

kas

підтяжки

bretèl

шкільна форма

inifòm lekòl la

уніформа

inifòm

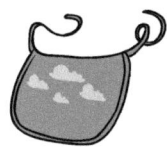

нагрудник

bib

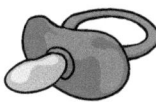

соска

sousèt

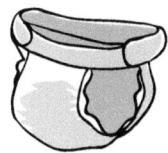

підгузок

kouch sou bebe

офіс

biwo

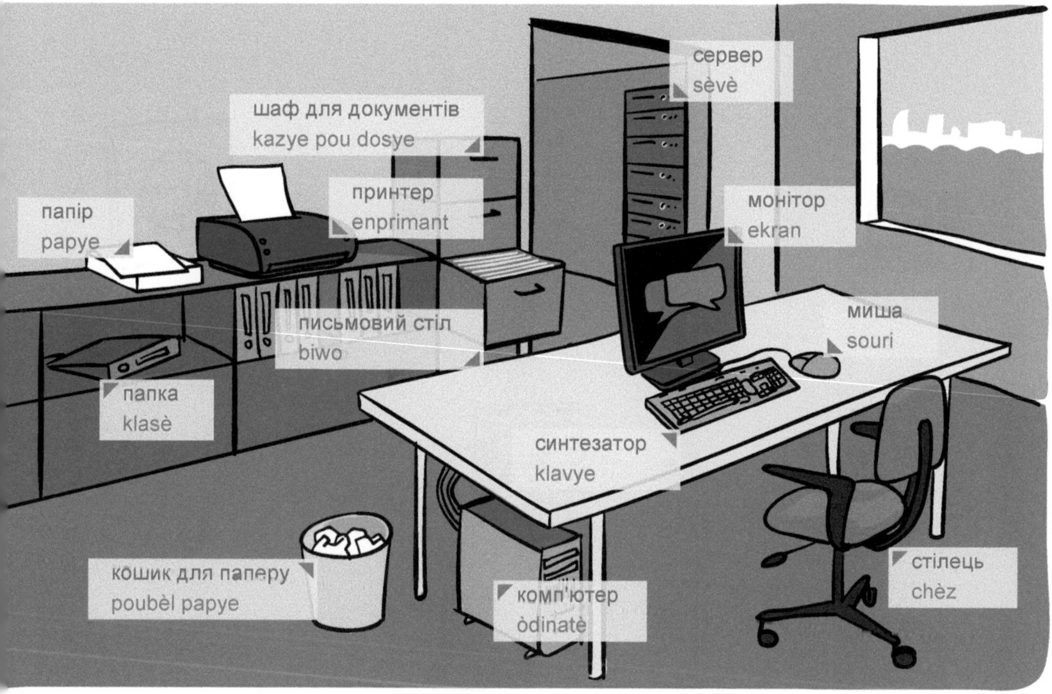

сервер
sèvè
шаф для документів
kazye pou dosye
принтер
enprimant
папір
papye
монітор
ekran
миша
souri
письмовий стіл
biwo
папка
klasè
синтезатор
klavye
кошик для паперу
poubèl papye
комп'ютер
òdinatè
стілець
chèz

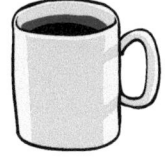

кавовий кухоль

tas kafe

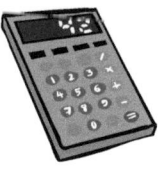

калькулятор

kalkilatris

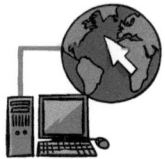

інтернет

entènèt

ноутбук
laptop

лист
lèt

повідомлення
mesaj

мобільний телефон
pòtab

мережа
rezo

копіювальний пристрій
machin fotokopi

програмне забезпечення
lojisyèl

телефон
telefòn

розетка
priz pou ploge

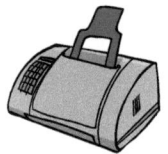

факс
faks machin

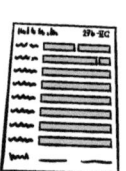

бланк
fòm

документ
dokiman

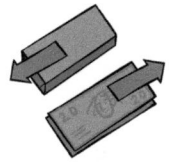

купувати

achte

платити

peye

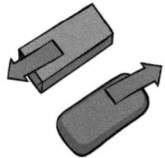

торгувати

komès

гроші

lajan an

долар

dola

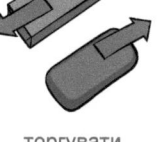

євро

ewo

ієна

yen

рубль

rouble

франк

fran swis

юанів женьміньбі

yuan renminbi

рупія

roupi

банкомат

distribitè otomatik

обмінний пункт

biwo chanj

золото

lò

срібло

lajan

нафта

gaz

енергія

enèji

ціна

pri

контракт

kontra a

податок

taks

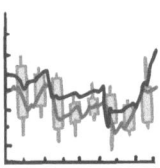

акція

aksyon

працювати

travay

працівник

anplwaye

роботодавець

patwon

фабрика

faktori

магазин

boutik

професії

pwofesyon yo

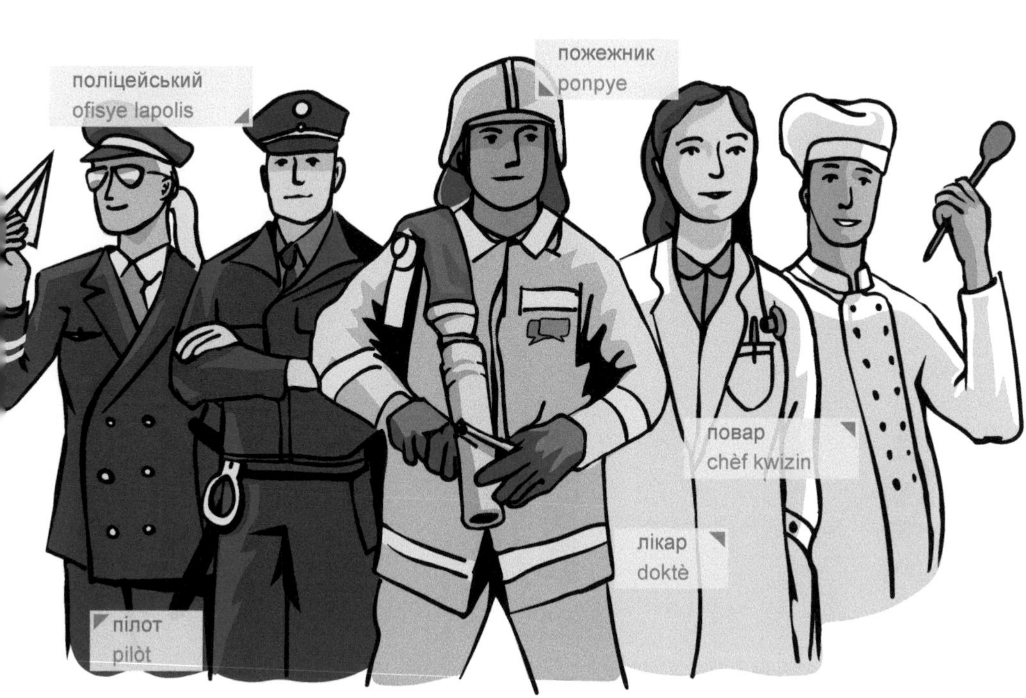
поліцейський
ofisye lapolis
пожежник
ponpye
повар
chèf kwizin
лікар
doktè
пілот
pilòt

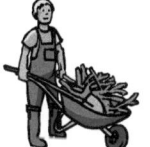

садівник

jadinye

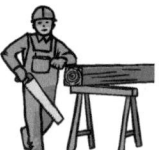

столяр

bòs chapant

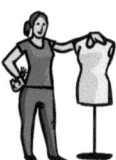

швачка

koutirye

суддя

jij

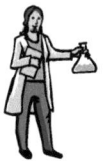

хімік

famasyen

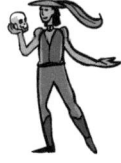

актор

aktè

водій автобуса

chofè otobis

таксист

chofè taksi

прибиральниця

dam responsab netwayaj

покрівельник

bòs ki ranje twati

мисливець

chasè

художник

pent la

електрик

elektrisyen

будівельник

ouvriye

забійник

bouche

бляхар

plonbye

рибалка

pechè

офіціант

sèvè

пекар

boulanje

інженер

enjenyè

листоноша

faktè

солдат

sòlda

архітектор

achitèk

касир

kesye

флорист

machann flè

перукар

kwafè

кондуктор

kontwolè

механік

mekanisyen

капітан

kapitèn

дантист

dantis

вчений

syantifik

рабин

raben

імам

imam

монах

mwàn

пастор

prèt

інструменти

zouti yo

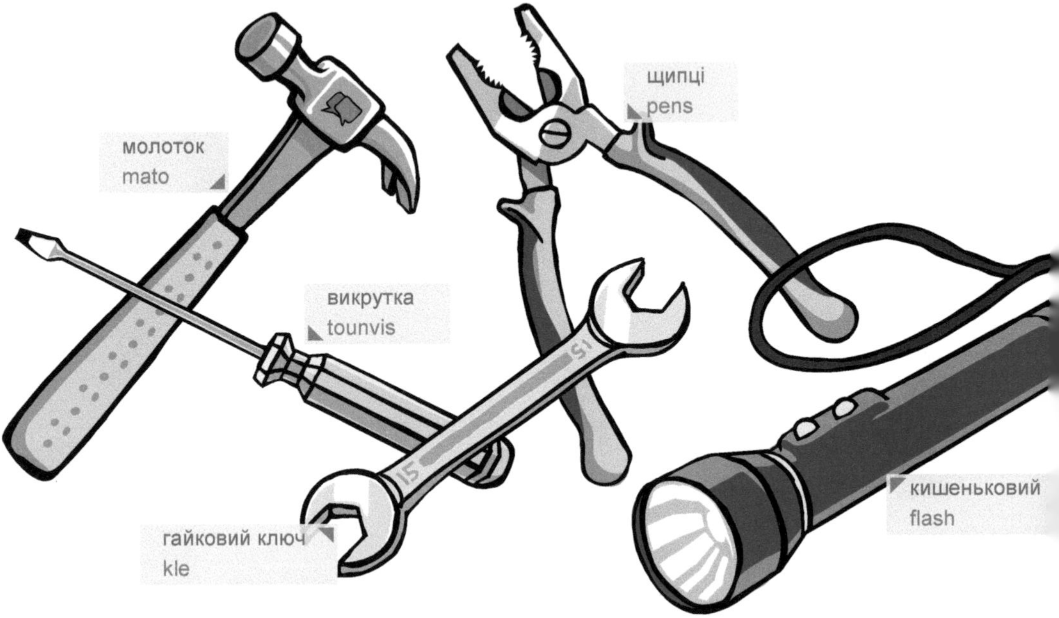
щипці
pens
молоток
mato
викрутка
tounvis
кишеньковий
flash
гайковий ключ
kle

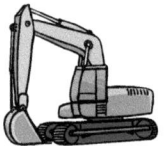

екскаватор

pèl ekskavatris

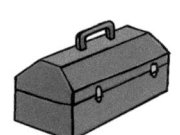

ящик для інструментів

bwat zouti

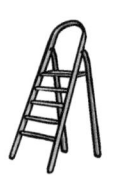

драбина

echèl

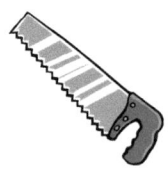

пилка

siyameto

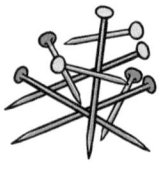

цвяхи

klou

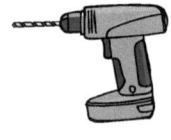

свердло

dril

ремонтувати

repare

лопата

pèl

лайно!

Kèt!

совок

ramaswa

відро з фарбою

bokit penti a

гвинти

vis yo

музичні інструменти
enstriman mizik yo

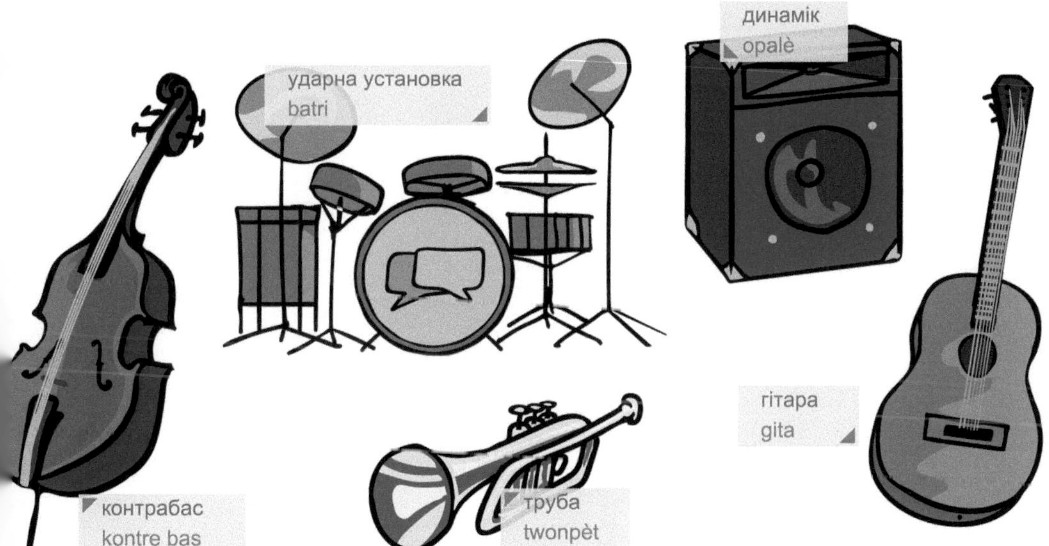

динамік
opalè

ударна установка
batri

контрабас
kontre bas

труба
twonpèt

гітара
gita

фортепіано

pyano

скрипка

violon

бас

bas

литаври

tenbal

барабан

tanbou

клавіатура

pyano elektrik

саксофон

saksofòn

флейта

flit

мікрофон

mikwofòn la

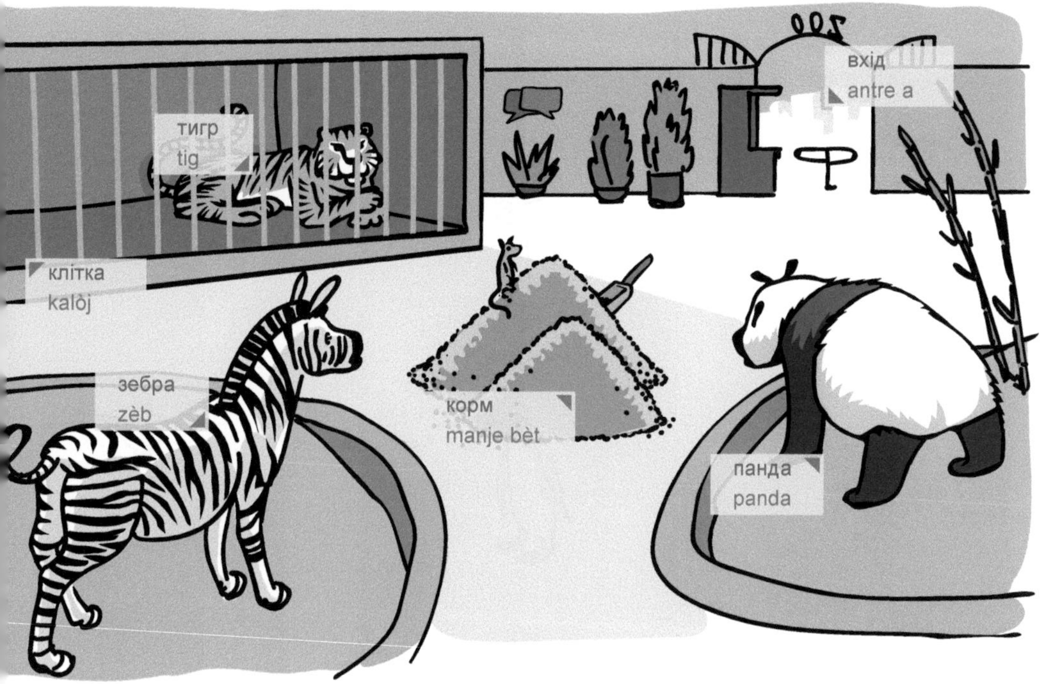

вхід
antre a

тигр
tig

клітка
kalòj

зебра
zèb

корм
manje bèt

панда
panda

тварини
....
bèt yo

слон
....
elefan

кенгуру
....
kangouwou

носоріг
....
rinoseròs

горила
....
goril

ведмідь
....
lous

верблюд

chamo

страус

otrich

лев

lyon

мавпа

makak

фламінго

flaman woz

папуга

jako

білий ведмідь

lous polè

пінгвін

pengwen

акула

reken

павич

pan

змія

koulèv

крокодил

kwokodil

працівник зоопарку

gadyen zou

тюлень

fòk

ягуар

jaguar

поні

pone

леопард

leyopa a

гіпопотам

ipopotam la

жираф

jiraf

орел

malfini

кабан

sangliye

риба

pwason

черепаха

tòti

морж

mòs

лисиця

rena

газель

gazèl la

американський футбол
foutbòl ameriken

їзда на велосипеді
siklism

теніс
tenis

баскетбол
baskètbòl

плавання
naj

бокс
bòks

хокей
hockey sou glas

футбол
foutbòl

бадмінтон
badminton

легка атлетика
atletism

гандбол
handball

лижні перегони
ski

поло
polo

дії

aktivite yo

сміятися
ri
стрибати
sote
обіймати
bo
йти
mache
співати
chante
мріяти
rèv
молитися
priye
цілувати
bo

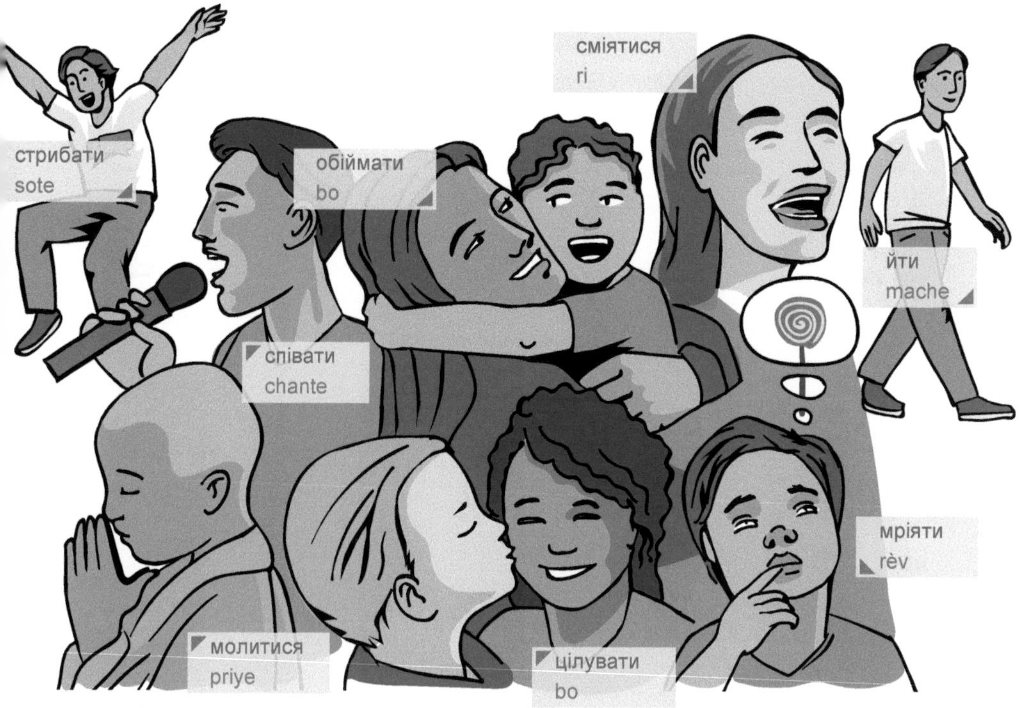

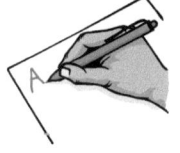

писати

ekri

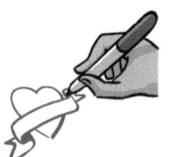

малювати

desine

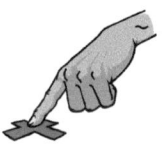

показувати

montre

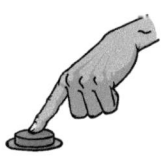

тиснути

pouse

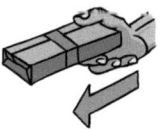

давати

bay

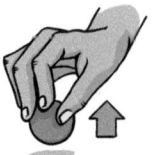

брати

pran

мати

genyen

робити

fè

бути

vèb èt

стояти

leve kanpe

бігати

kouri

тягнути

rale

кидати

voye

падати

tonbe

лежати

kouche

очікувати

atann

носити

pote

сидіти

chita

одягати

abiye

спати

dòmi

просипатися

reveye

дивитися

gade

плакати

kriye

гладити

karese

розчісувати

peny

розмовляти

pale

розуміти

konprann

питати

mande

слухати

koute

пити

bwè

їсти

manje

прибирати

ranje

любити

renmen

варити

kwit manje

їхати

kondwi

літати

vole

йти під вітрилом

navige

рахувати

kalkile

читати

li

вчитися

aprann

працювати

travay

одружуватися

marye

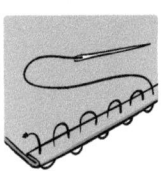

шити

koud

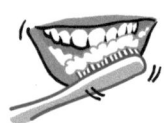

чистити зуби

bwose dan

убивати

touye

курити

fimen

посилати

voye

бабуся
grann

дідуся
granpapa

батько
papa

мати
manman

немовля
bebe

донька
pitit fi

син
pitit gason

гість

envite

тітка

matant

дядько

tonton

брат

frè

сестра

sè

тіло
kò

чоло
fwon
око
zye
плече
zepòl
палець
dwèt
обличчя
figi
підборіддя
manton
кисть
men
груди
tete
нога
janm
рука
bra

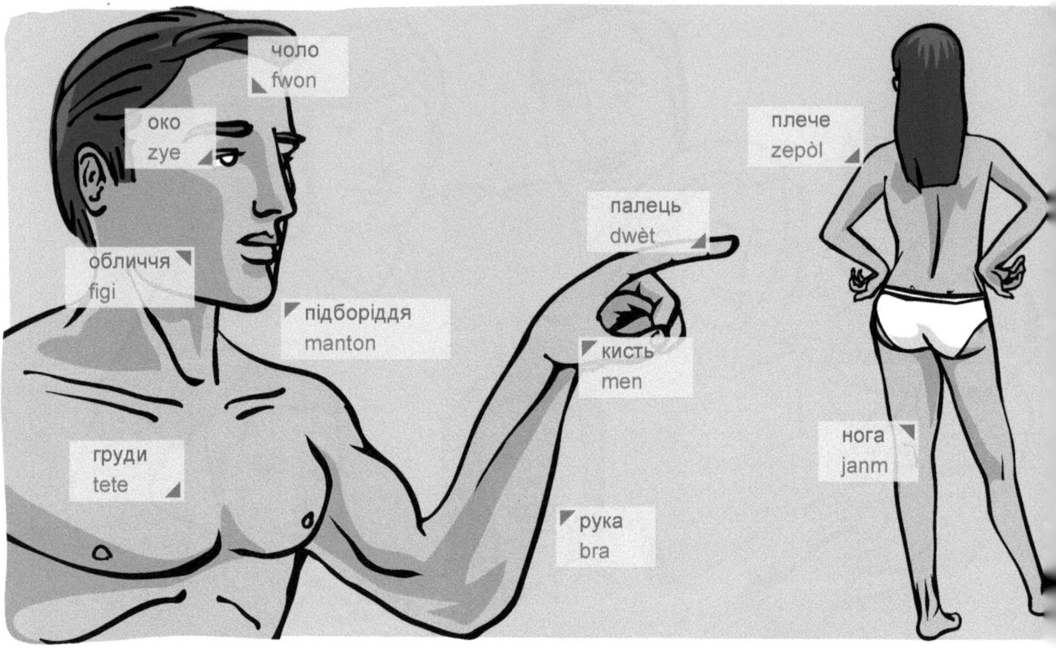

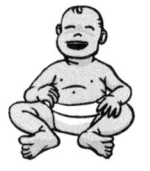

немовля
bebe

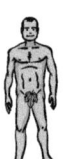

чоловік
moun

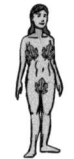

жінка
fi

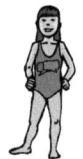

дівчина
tifi

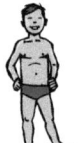

хлопчик
gason

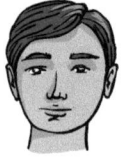

голова
tèt

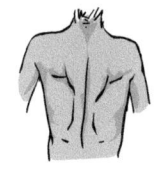

спина

do

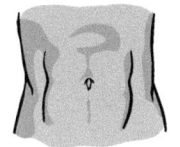

живіт

vant

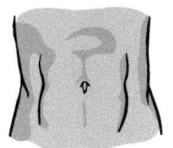

пуп

lombrit

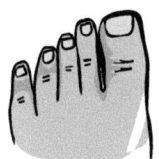

палець ноги

zòtèy

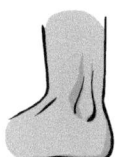

п'ята

talon pye

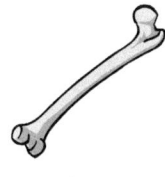

кістка

zo

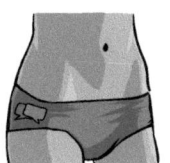

стегно

anch

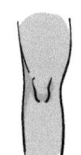

коліно

jenou

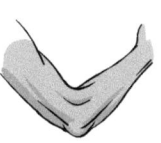

лікоть

koud

ніс

nen

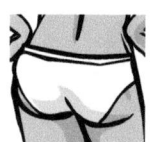

сідниці

dèyè

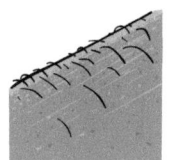

шкіра

po

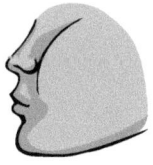

щока

machwè

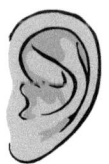

вухо

zòrèy

губа

lèv

рот

bouch

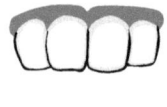

зуб

dan

язик

lang

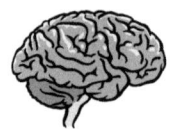

мозок

sèvo

серце

kè

м'яз

misk

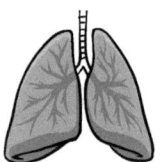

легені

poumon

печінка

fwa

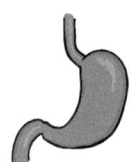

шлунок

lestomak

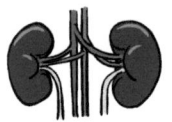

нирки

ren

статевий акт

sèks

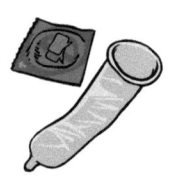

презерватив

kapòt

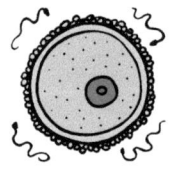

яйцеклітина

ovil

сперма

espèm

вагітність

gwosès

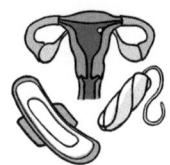

менструація

règ

вагіна

vajen

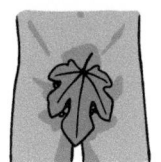

пеніс

peni

брова

sousi

волосся

cheve

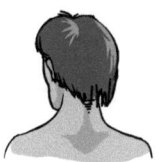

шия

kou

лікарня
lopital

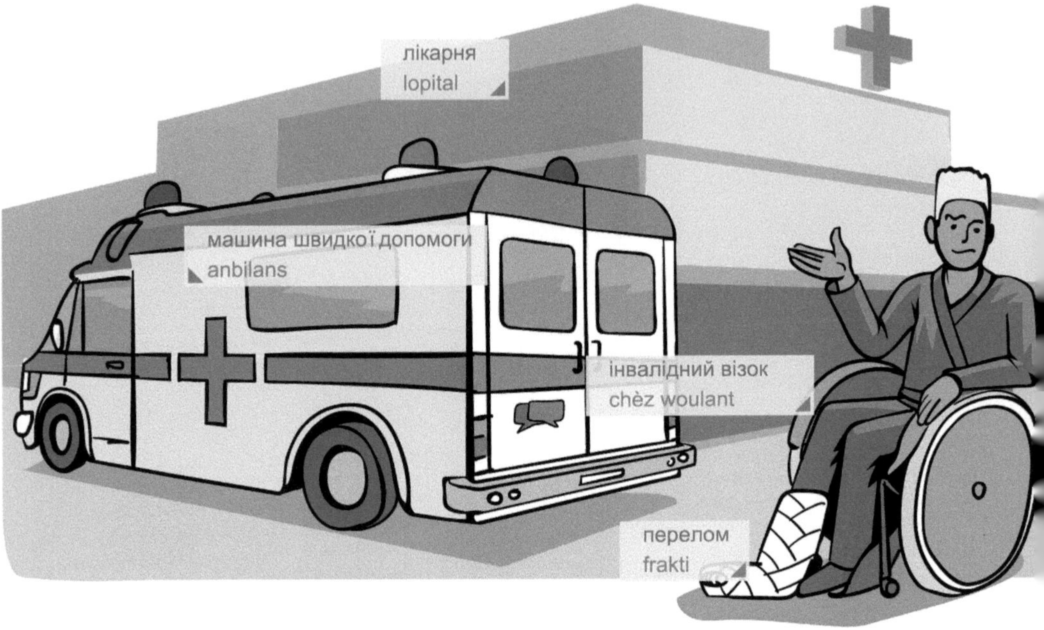

лікарня
lopital
машина швидкої допомоги
anbilans
інвалідний візок
chèz woulant
перелом
frakti

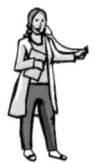

лікар

doktè

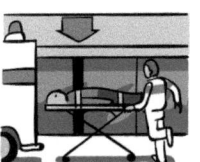

відділення швидкої медичної допомоги

sal ijans

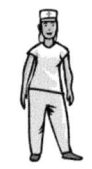

медсестра

enfimyè

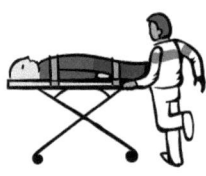

аварійний випадок

ijans

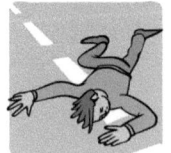

непритомний

san konesans

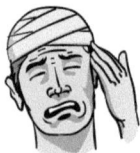

біль

doulè

травма

aksidan

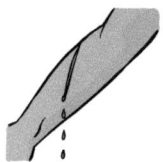

кровотеча

senyen

інфаркт

kriz kadyak

інсульт

estwòk

алергія

alèji

кашель

tous

лихоманка

lafyèv

грип

grip

пронос

dyare

головна біль

maltèt

рак

kansè

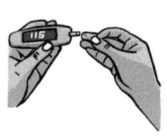

діабет

dyabèt

хірург

chirijyen

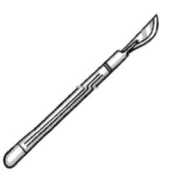

скальпель

bistouri

операція

operasyon

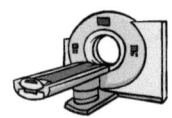

КТ

CT

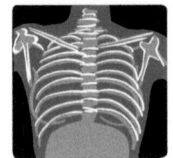

рентген

radyografi

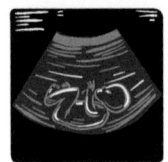

ультразвук

ekografi

маска

mask figi

хвороба

maladi

зал очікування

sal datant

милиця

beki

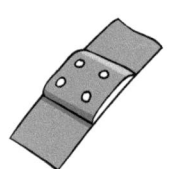

пластир

plat

пов'язка

pansman

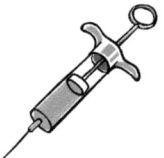

ін'єкція

enjeksyon

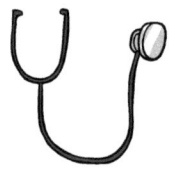

стетоскоп

stetoskop

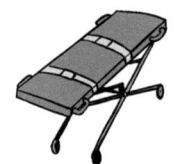

ноші

branka

термометр

tèmomèt klinik

народження

nesans

надмірна вага

ki twò gwo

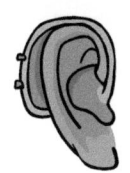

слуховий апарат

aparèy pou ede tande

дезінфікуючий засіб

dezenfektan

інфекція

enfeksyon

вірус

viris

ВІЛ / СНІД

VIH / SIDA

медицина

medikaman

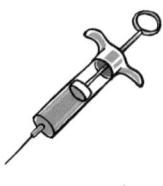

вакцинація

vaksinasyon

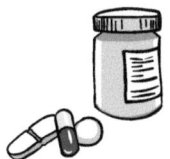

таблетки

konpime yo

протизаплідна пігулка

konprime

екстрений виклик

apèl ijans

тонометр

kontwole san presyon

хворий / здоровий

malad / an sante

Допоможіть!

Sekou!

сигнал тривоги

alam

напад

atak

атака

atak

небезпека

danje

аварійний вихід

sòti dijans

Вогонь!

Dife!

вогнегасник

ekstenktè

аварія

aksidan

аптечка

kit premye swen

COC

SOS

поліція

lapolis

Європа

Ewòp

Північна Америка

Amerik di Nò

Південна Америка

Amerik di sid

Африка

Lafrik

Азія

Lazi

Австралія

Ostrali

Атлантика

Oseyan Atlantik

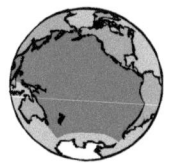

Тихий океан

Oseyan Pasifik

Індійський океан

Oseyan Endyen

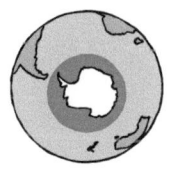

Антарктичний океан

Oseyan Antatik

Північний Льодовитий
океан

Oseyan aktik

Північний полюс

Pol Nò

Південний полюс

Pol Sid

Антарктика

Antatik

Земля

latè

суша

peyi

море

lanmè

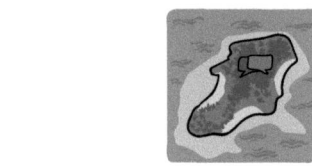

острів

zile

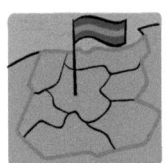

нація

nasyon

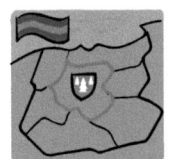

держава

eta

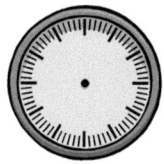

циферблат

kadran

годинникова стрілка

egwi èdtan

хвилинна стрілка

egwi minit

секундна стрілка

egwi segond

Котра година?

Kilè li ye ?

день

jou

час

tan

зараз

kounye a

цифровий годинник

mont dijital

хвилина

minit

година

lè

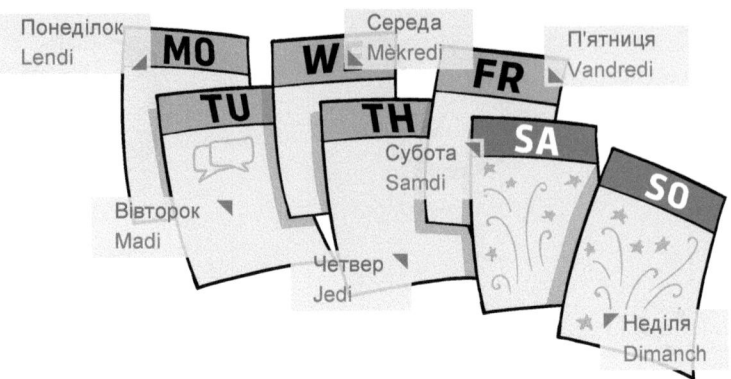

Понеділок
Lendi

Середа
Mèkredi

П'ятниця
Vandredi

Вівторок
Madi

Субота
Samdi

Четвер
Jedi

Неділя
Dimanch

вчора

уè

сьогодні

jodi

завтра

demen

ранок

maten

опівдні

midi

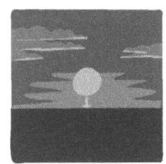

вечір

aswè a

робочі дні

jou travay yo

кінець робочого тижня

wikenn

рік

ane

веселка
lakansyèl
дощ
lapli
сніг
nèj
вітер
van
весна
prentan
осінь
otòn
літо
ete
зима
sezon ivè

4.APRIL 11°
5.APRIL 4°
6.APRIL 13°
7.APRIL 8°
8.APRIL 10°

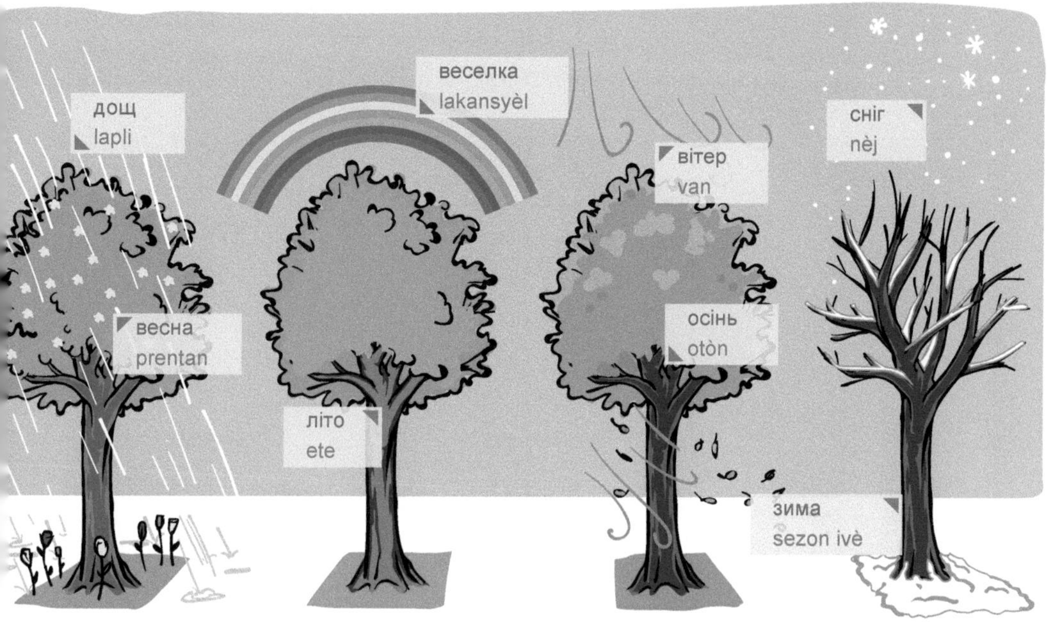

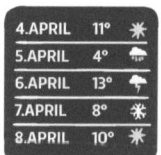

прогноз погоди

movc tan

F C
120 40
90 30
60 20
30 10
0 0
-30 -10
-20

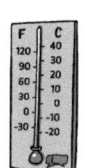

термометр

tèmomèt

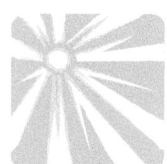

сонячне світло

limyè solèy la

хмара

nyaj

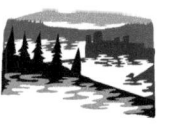

туман

bwouya

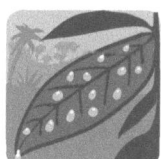

вологість повітря

imidite

блискавка

zeklè

грім

loraj

шторм

tanpèt

град

lagrèl

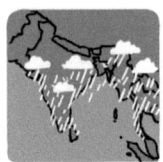

мусон

mouson

повінь

inondasyon

лід

glas

Січень

Janvye

Лютий

Fevriye

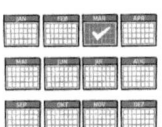

Березень

Mas

Квітень

Avril

Травень

Me

Червень

Jen

Липень

Jiyè

Серпень

Daout

Вересень

Septanm

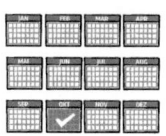

Жовтень

Oktòb

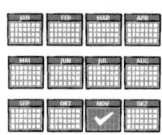

Листопад

Novanm

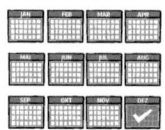

Грудень

Desanm

круг

sèk

квадрат

kare

прямокутник

rektang

трикутник

triyang

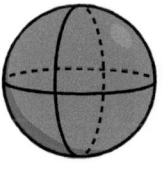

куля

esfè

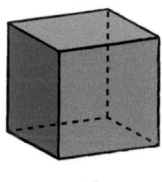

куб

kib

фарби
koulè yo

білий

blan

жовтий

jòn

помаранчевий

oranj

рожевий

woz

червоний

wouj

фіолетовий

vyolè

синій

ble

зелений

vèt

коричневий

mawon

сірий

gri

чорний

nwa

багато / мало

anpil / on ti kras

лютий / мирний

fache / kalm

гарний / бридкий

bèl / lèd

початок / кінець

kòmansman / lafen

великий / малий

gwo / piti

світлий / темний

klè / fonse

брат / сестра

frè / sè

чистий / брудний

pwòp / sal

завершений /
незавершений
konplè / enkonplè

день / ніч

lajounen / lanwit

мертвий / живий

mouri / vivan

широкий / вузький

laj / otwat

їстівний / неїстівний

yo ka manje / yo paka manje

злий / дружній

mechan / jantiy

збуджений / нудьгуючий

kè kontan / raz

товстий / тонкий

gra / mèg

спочатку / востаннє

premye / dènye

друг / ворог

zanmi / lènmi

повний / порожній

plen / vid

жорсткий / м'який

di / mou

важкий / легкий

lou / lejè

голод / спрага

grangou / swaf

хворий / здоровий

malad / an sante

незаконний / законний

ilegal / legal

розумний / дурний

entèlijan / estipid

вліво / вправо

gòch / dwat

поруч / далеко

tou pre / lwen

новий / використаний

tou nèf / sèvi deja

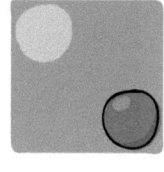

нічого / щось

anyen / kèkchoz

старий / молодий

vye / jenn

вкл / викл

limen / etèn

відкрито / закрито

louvri / fèmen

тихо / гучно

silans / fè bri

багатий / бідний

rich / pòv

правильно / неправильно

kòrèk / enkòrèk

шорсткий / гладкий

ki graj / ki lis

сумний / щасливий

tris / kontan

короткий / довгий

kout / long

повільно / швидко

ralanti / vit

вологий / сухий

mouye / sèk

гарячий / холодний

cho / frèt

війна / мир

lagè / lapè

0

нуль

zewo

1

один

youn

2

два

de

3

три

twa

4

чотири

kat

5

п'ять

senk

6

шість

sis

7

сім

sèt

8

вісім

uit

9

дев'ять

nèf

10

десять

dis

11

одинадцять

onz

12
дванадцять
douz

13
тринадцять
trèz

14
чотирнадцять
katòz

15
п'ятнадцять
kenz

16
шістнадцять
sèz

17
сімнадцять
disèt

18
вісімнадцять
dizwit

19
дев'ятнадцять
diznèf

20
двадцять
ven

100
сто
san

1.000
тисяча
mil

1.000.000
мільйон
milyon

числа - chif yo

англійська

Anglè

американська англійська

Anglè Ameriken

китайська
високочиновницька

Chinwa Mandaren

хінді

Hindi

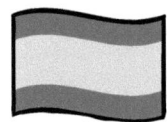

іспанська

Panyòl

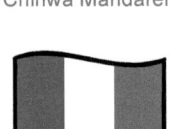

французька

Franse

арабська

Arab

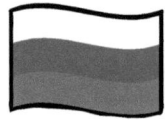

російська

Ris

португальська

Pòtigè

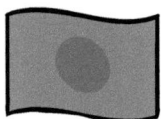

бенгальська

Bengali

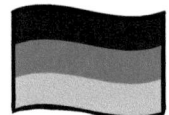

німецька

Alman

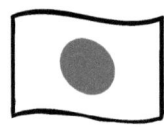

японська

Japonè

я

Mwen

ти

ou

він / вона / воно

li

ми

nou

ви

nou/ ou

вони

yo

хто?

kiyès?

що?

kisa?

як?

kijan?

де?

kibò?

коли?

kilè?

ім'я

non

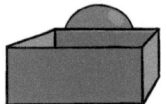

ззаду

dèyè

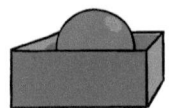

в

nan

перед

devan

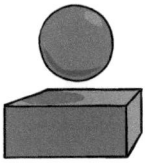

над

sou tèt

на

sou

під

anba

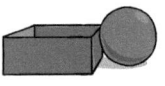

біля

bò kote

між

nan mitan

місце

kote